school - Schule   2
reis - Reise   5
transport - Transport   8
stad - Stadt   10
landschap - Landschaft   14
restaurant - Restaurant   17
supermarkt - Supermarkt   20
dranken - Getränke   22
eten - Essen   23
boerderij - Bauernhof   27
huis - Haus   31
woonkamer - Wohnzimmer   33
keuken - Küche   35
badkamer - Badezimmer   38
kinderkamer - Kinderzimmer   42
kleding - Kleidung   44
kantoor - Büro   49
economie - Wirtschaft   51
beroepen - Berufe   53
gereedschap - Werkzeuge   56
muziekinstrumenten - Musikinstrumente   57
dierentuin - Zoo   59
sport - Sport   62
activiteiten - Aktivitäten   63
familie - Familie   67
lichaam - Körper   68
ziekenhuis - Krankenhaus   72
noodgeval - Notfall   76
aarde - Erde   77
klok - Uhr   79
week - Woche   80
jaar - Jahr   81
vormen - Formen   83
kleuren - Farben   84
tegenstellingen - Gegenteile   85
getallen - Zahlen   88
talen - Sprachen   90
wie / wat / hoe - wer / was / wie   91
waar - wo   92

Impressum
Verlag: BABADADA GmbH, Nedderfeld 112 , 22529 Hamburg
Geschäftsführer / Verlagsleitung: Harald Hof
Druck: Books on Demand GmbH, In de Tarpen 42, 22848 Norderstedt

Imprint
Publisher: BABADADA GmbH, Nedderfeld 112 , 22529 Hamburg, Germany
Managing Director / Publishing direction: Harald Hof
Print: Books on Demand GmbH, In de Tarpen 42, 22848 Norderstedt, Germany

school

Schule

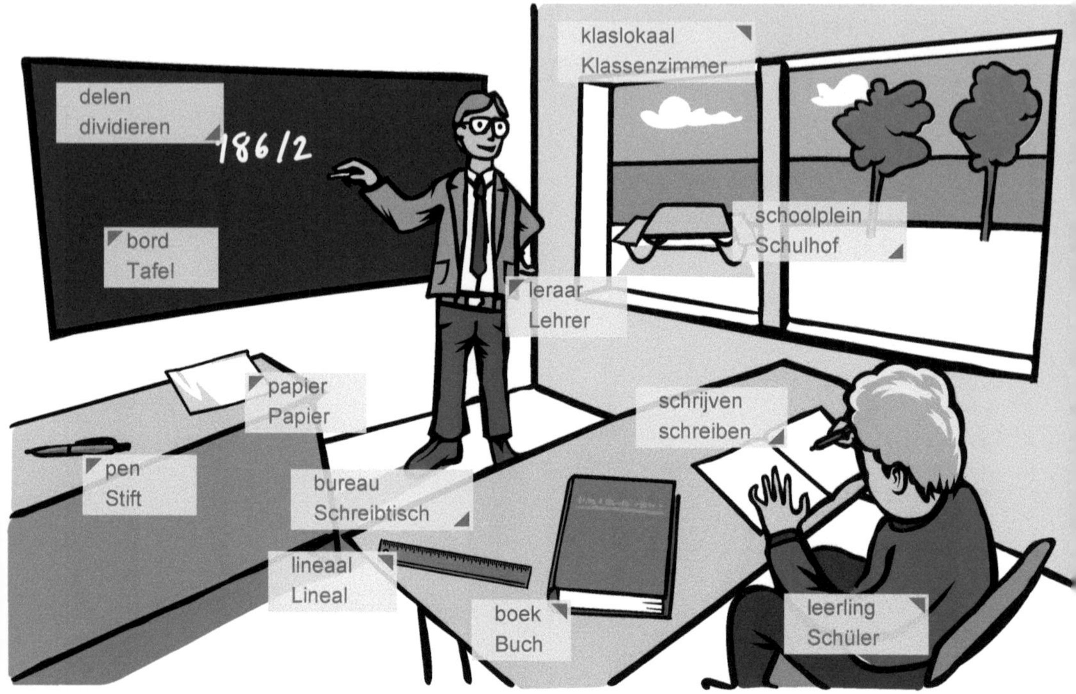
klaslokaal
Klassenzimmer
delen
dividieren
186/2
bord
Tafel
schoolplein
Schulhof
leraar
Lehrer
papier
Papier
schrijven
schreiben
pen
Stift
bureau
Schreibtisch
lineaal
Lineal
boek
Buch
leerling
Schüler

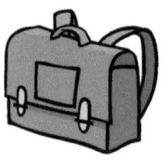

schooltas

Ranzen

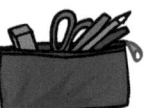

etui

Federmappe

potlood

Bleistift

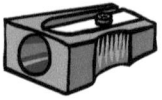

puntenslijper

Bleistiftanspitzer

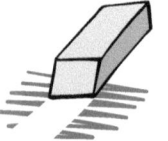

gum

Radiergummi

schetsblok

Zeichenblock

tekening

Zeichnung

penseel

Pinsel

verfdoos

Malkasten

schaar

Schere

lijm

Klebstoff

schrift

Übungsheft

huiswerk

Hausaufgabe

getal

Zahl

2+2

optellen

addieren

5-2

aftrekken

subtrahieren

2×2

vermenigvuldigen

multiplizieren

rekenen

rechnen

A

letter

Buchstabe

ABCDEFG
HIJKLMN
OPQRSTU
VWXYZ

alfabet

Alphabet

woord

Wort

tekst

Text

lezen

lesen

krijt

Kreide

les

Stunde

klassenboek

Klassenbuch

examen

Prüfung

diploma

Zeugnis

schooluniform

Schuluniform

opleiding

Ausbildung

encyclopedie

Lexikon

universiteit

Universität

microscoop

Mikroskop

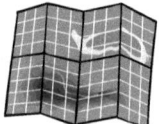

kaart

Karte

prullenmand

Papierkorb

reis
Reise

hotel
Hotel
Grand
hostel
Herberge
ROOMS
wisselkantoor
Wechselstube
CHANGE
koffer
Koffer
auto
Auto

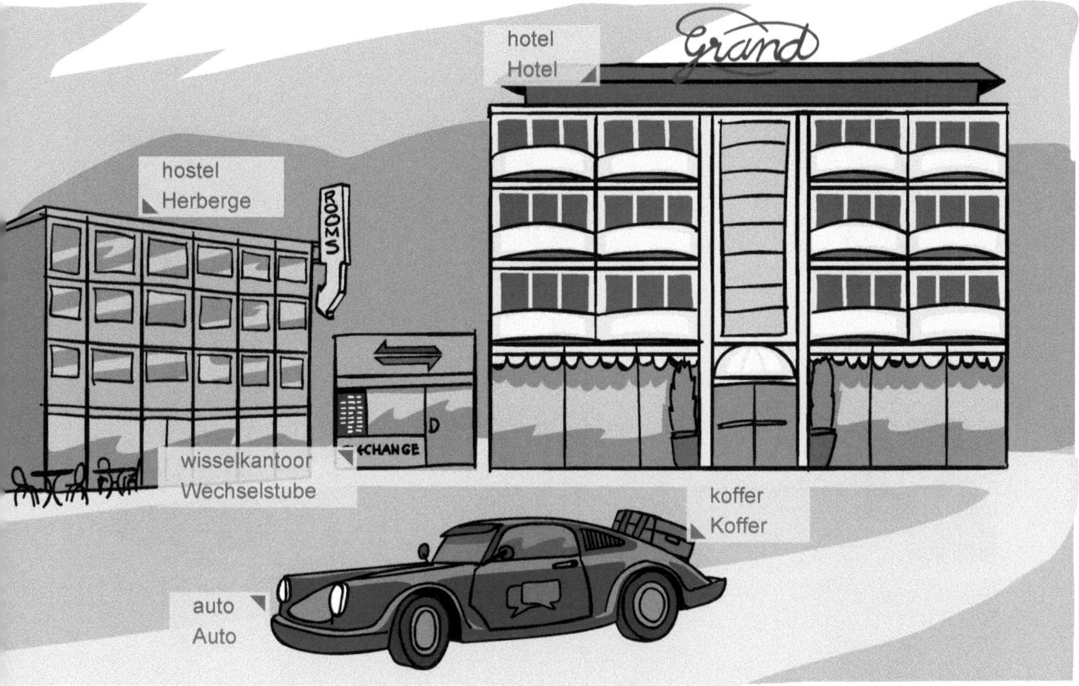

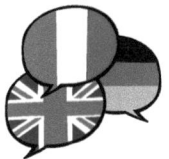

taal

Sprache

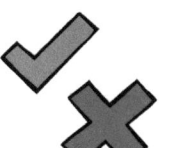

ja / nee

ja / nein

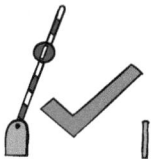

oké

Okay

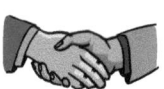

Hallo!

Hallo

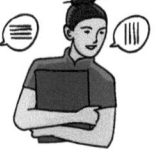

tolk

Übersetzer

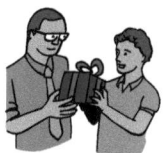

Bedankt.

Danke

Wat kost ...?

Was kostet...?

Ik begrijp het niet.

Ich verstehe nicht

probleem

Problem

Goedenavond!

Guten Abend!

Goedemorgen!

Guten Morgen!

Goedenacht!

Gute Nacht!

Tot ziens!

Auf Wiedersehen

richting

Richtung

bagage

Gepäck

tas

Tasche

rugzak

Rucksack

gast

Gast

kamer

Zimmer

slaapzak

Schlafsack

tent

Zelt

VVV-kantoor

Touristeninformation

strand

Strand

creditkaart

Kreditkarte

ontbijt

Frühstück

lunch

Mittagessen

diner

Abendessen

kaartje

Fahrkarte

lift

Fahrstuhl

postzegel

Briefmarke

grens

Grenze

douane

Zoll

ambassade

Botschaft

visum

Visum

paspoort

Pass

transport

Transport

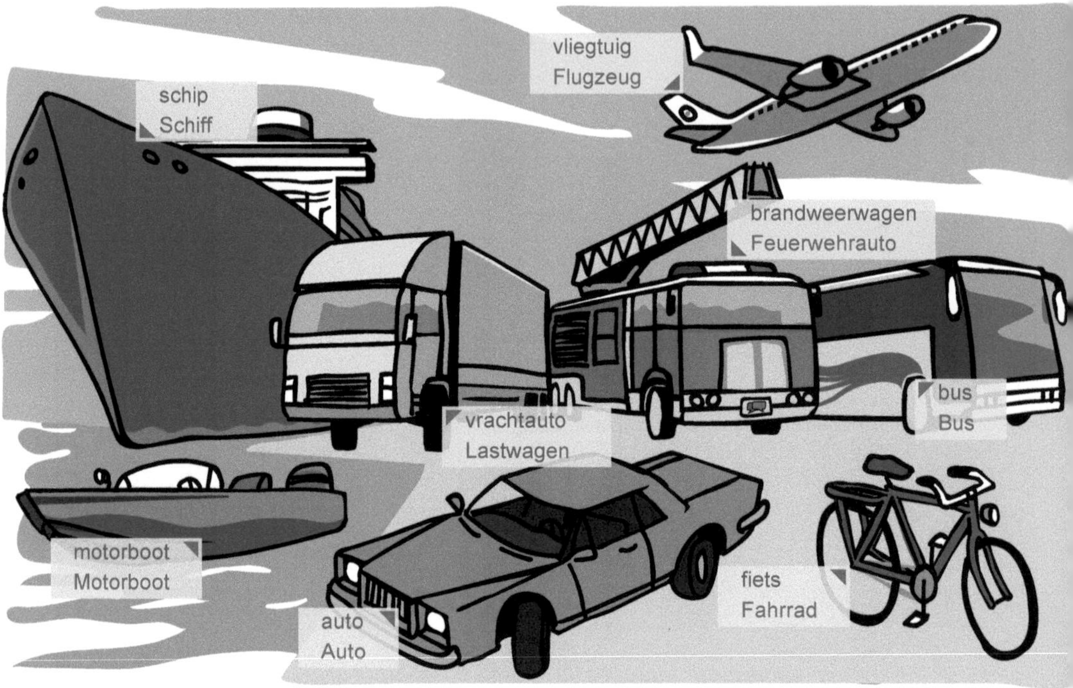

vliegtuig
Flugzeug
schip
Schiff
brandweerwagen
Feuerwehrauto
bus
Bus
vrachtauto
Lastwagen
motorboot
Motorboot
fiets
Fahrrad
auto
Auto

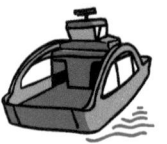

veerboot

Fähre

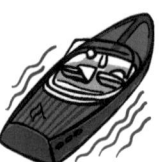

boot

Boot

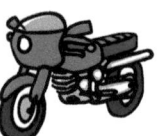

motorfiets

Motorrad

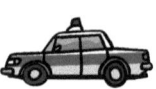

politiewagen

Polizeiauto

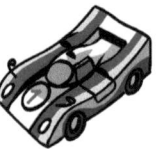

raceauto

Rennauto

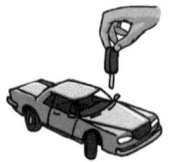

huurauto

Mietwagen

carsharing

Carsharing

takelwagen

Abschleppwagen

vuilniswagen

Müllauto

motor

Motor

benzine

Kraftstoff

benzinepomp

Tankstelle

verkeersbord

Verkehrsschild

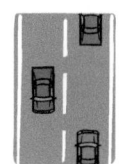

verkeer

Verkehr

file

Stau

parkeerplaats

Parkplatz

station

Bahnhof

rails

Schienen

trein

Zug

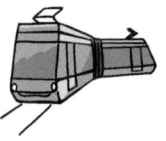

tram

Straßenbahn

wagon

Wagon

helikopter

Helikopter

luchthaven

Flughafen

toren

Tower

passagier

Passagier

container

Container

verhuisdoos

Karton

kar

Karren

mand

Korb

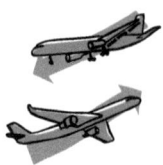

opstijgen / landen

starten / landen

stad

Stadt

dorp

Dorf

stadscentrum

Stadtzentrum

huis

Haus

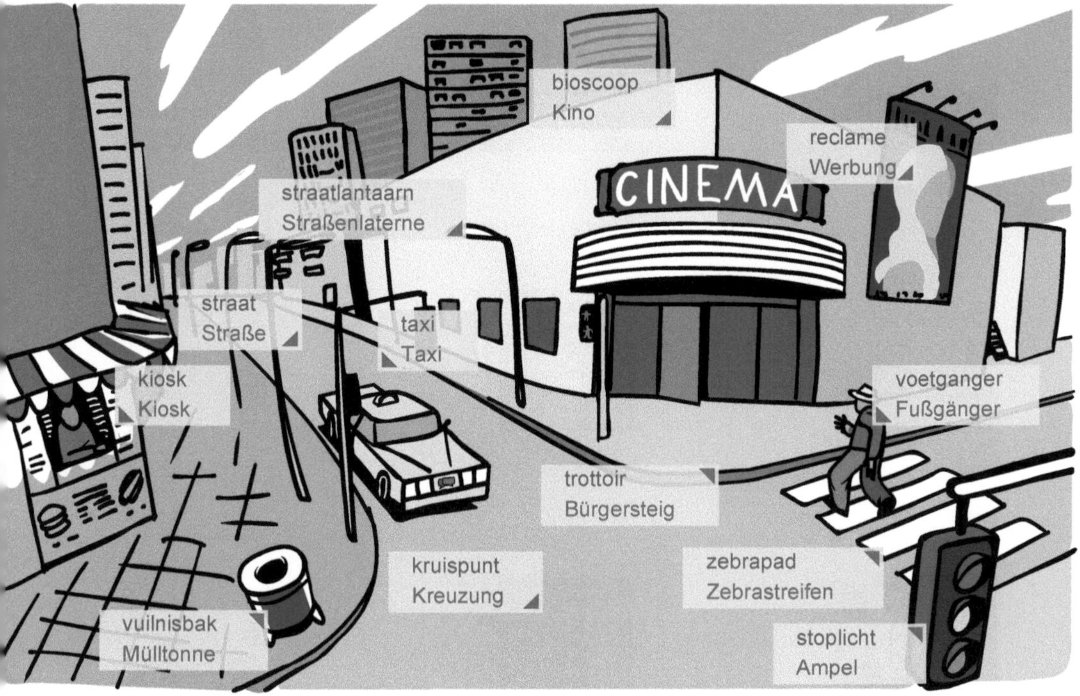

bioscoop
Kino

reclame
Werbung

straatlantaarn
Straßenlaterne

CINEMA

straat
Straße

taxi
Taxi

kiosk
Kiosk

voetganger
Fußgänger

trottoir
Bürgersteig

kruispunt
Kreuzung

zebrapad
Zebrastreifen

vuilnisbak
Mülltonne

stoplicht
Ampel

hut
....
Hütte

appartement
....
Wohnung

station
....
Bahnhof

stadhuis
....
Rathaus

museum
....
Museum

school
....
Schule

universiteit

Universität

bank

Bank

ziekenhuis

Krankenhaus

hotel

Hotel

apotheek

Apotheke

kantoor

Büro

boekenwinkel

Buchhandlung

winkel

Geschäft

bloemenwinkel

Blumenladen

supermarkt

Supermarkt

markt

Markt

warenhuis

Kaufhaus

visboer

Fischhändler

winkelcentrum

Einkaufszentrum

haven

Hafen

park

Park

bank

Bank

brug

Brücke

trap

Treppe

metro

U-Bahn

tunnel

Tunnel

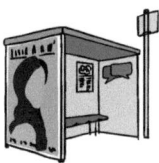

bushalte

Bushaltestelle

bar

Bar

restaurant

Restaurant

brievenbus

Briefkasten

straatnaambord

Straßenschild

parkeermeter

Parkuhr

dierentuin

Zoo

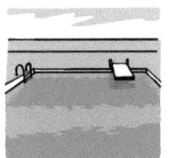

zwembad

Badeanstalt

moskee

Moschee

boerderij

Bauernhof

vervuiling

Umweltverschmutzung

begraafplaats

Friedhof

kerk

Kirche

speelplaats

Spielplatz

tempel

Tempel

landschap
Landschaft

blad
Blatt

wegwijzer
Wegweiser

weg
Weg

weide
Wiese

steen
Stein

boom
Baum

wandelaar
Wanderer

rivier
Fluss

gras
Gras

bloem
Blume

vallei

Tal

berg

Berg

meer

See

bos

Wald

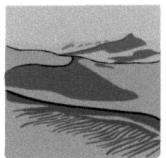

woestijn

Wüste

vulkaan

Vulkan

kasteel

Schloss

regenboog

Regenbogen

paddenstoel

Pilz

palmboom

Palme

mug

Moskito

vlieg

Fliege

mier

Ameise

bij

Biene

spin

Spinne

kever

Käfer

kikker

Frosch

eekhoorn

Eichhörnchen

egel

Igel

haas

Hase

uil

Eule

vogel

Vogel

zwaan

Schwan

wild zwijn

Wildschwein

hert

Hirsch

eland

Elch

stuwdam

Staudamm

windmolen

Windrad

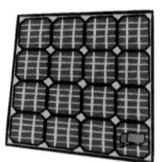

zonnepaneel

Solarmodul

klimaat

Klima

restaurant
Restaurant

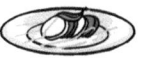

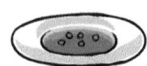

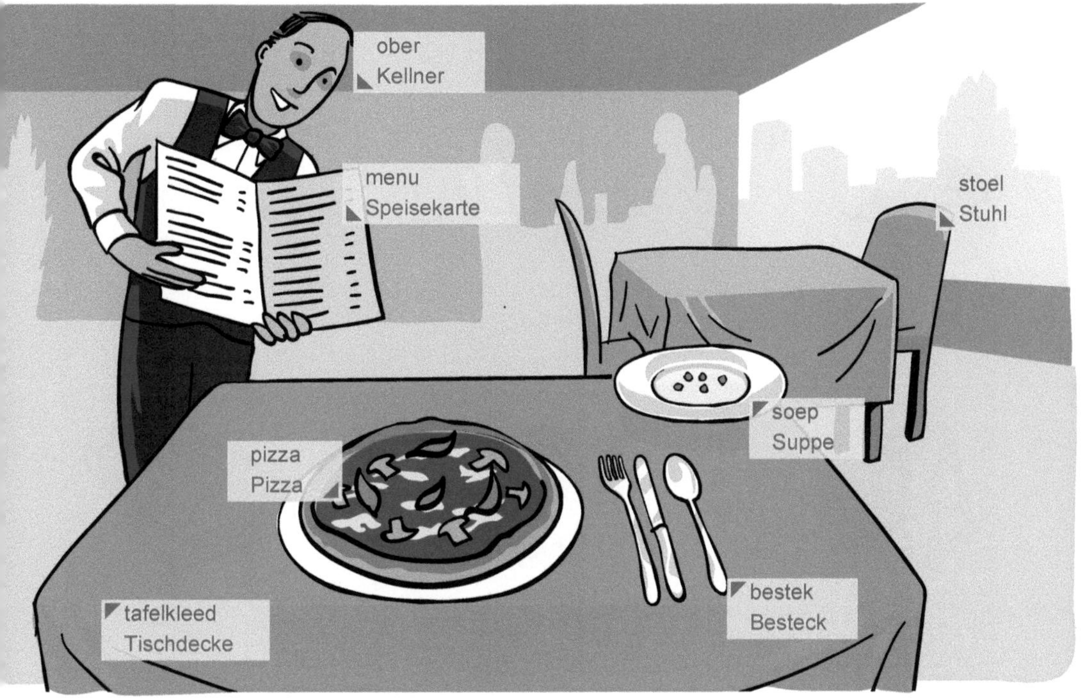
ober
Kellner
menu
Speisekarte
stoel
Stuhl
soep
Suppe
pizza
Pizza
tafelkleed
Tischdecke
bestek
Besteck

voorgerecht
Vorspeise

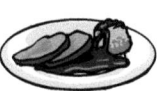

hoofdgerecht
Hauptgericht

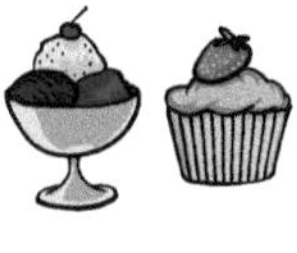

toetje
Nachspeise

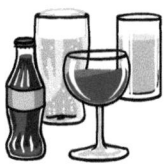

dranken
Getränke

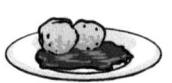

eten
Essen

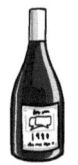

fles
Flasche

fastfood

Fastfood

eetkraampje

Streetfood

theepot

Teekanne

suikerpot

Zuckerdose

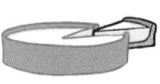

portie

Portion

espressomachine

Espressomaschine

kinderstoel

Hochstuhl

rekening

Rechnung

dienblad

Tablett

mes

Messer

vork

Gabel

lepel

Löffel

theelepel

Teelöffel

servet

Serviette

glas

Glas

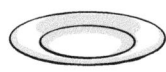

bord

Teller

soepbord

Suppenteller

schotel

Untertasse

saus

Sauce

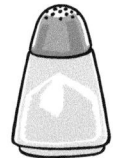

zoutvaatje

Salzstreuer

pepermolen

Pfeffermühle

azijn

Essig

olie

Öl

kruiden

Gewürze

ketchup

Ketchup

mosterd

Senf

mayonaise

Mayonnaise

supermarkt
Supermarkt

aanbieding
Angebot
FOR
klant
Kunde
zuivelproducten
Milchprodukte
fruit
Obst
winkelwagen
Einkaufswagen

BUTCHERS

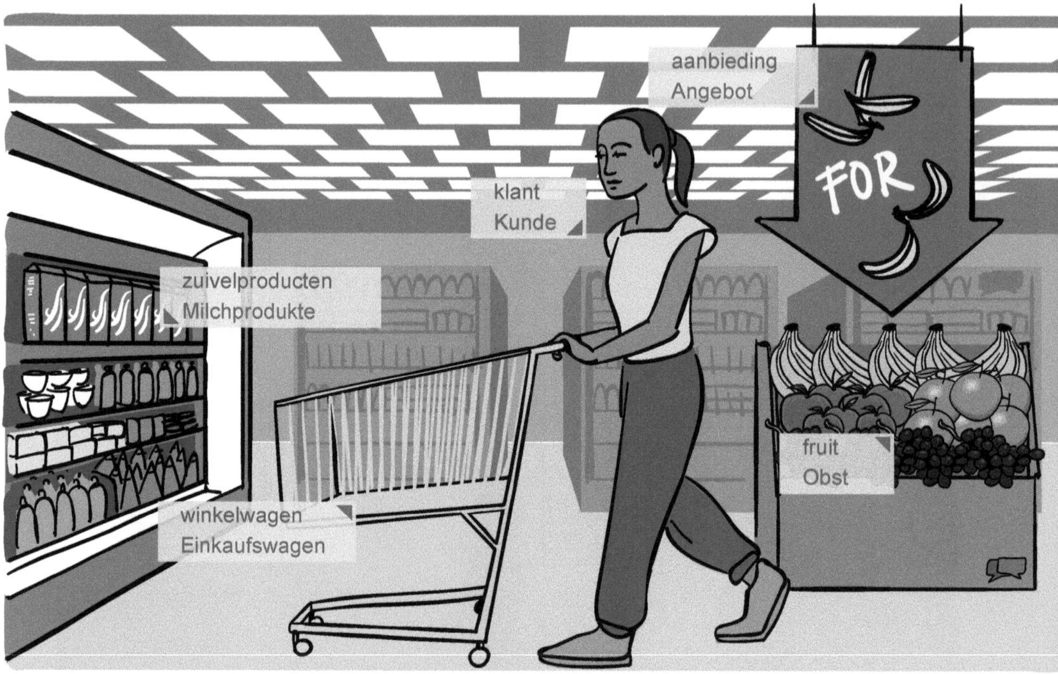

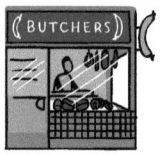

slager

Schlachterei

BAKERY

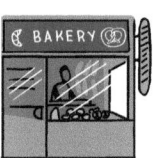

bakkerij

Bäckerei

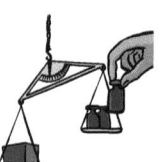

wegen

wiegen

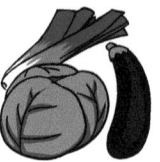

groente

Gemüse

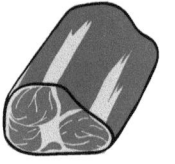

vlees

Fleisch

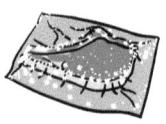

diepvriesproducten

Tiefkühlkost

vleeswaren

Aufschnitt

conserven

Konserven

wasmiddel

Waschmittel

snoepgoed

Süßigkeiten

huishoudelijke artikelen

Haushaltsartikel

schoonmaakmiddel

Reinigungsmittel

verkoopster

Verkäuferin

kassa

Kasse

kassier

Kassierer

boodschappenlijstje

Einkaufsliste

openingstijden

Öffnungszeiten

portefeuille

Brieftasche

creditkaart

Kreditkarte

tas

Tasche

plastic zak

Plastiktüte

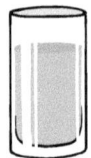

water
....
Wasser

sap
....
Saft

melk
....
Milch

cola
....
Cola

wijn
....
Wein

bier
....
Bier

alcohol
....
Alkohol

chocolademelk
....
Kakao

thee
....
Tee

koffie
....
Kaffee

espresso
....
Espresso

cappuccino
....
Cappuccino

banaan

Banane

appel

Apfel

sinaasappel

Orange

watermeloen

Melone

citroen

Zitrone

wortel

Karotte

knoflook

Knoblauch

bamboe

Bambus

ui

Zwiebel

paddenstoel

Pilz

noten

Nüsse

pasta

Nudeln

spaghetti

Spaghetti

rijst

Reis

salade

Salat

friet

Pommes frites

gebakken aardappelen

Bratkartoffeln

pizza

Pizza

hamburger

Hamburger

sandwich

Sandwich

schnitzel

Schnitzel

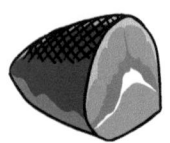

ham

Schinken

salami

Salami

worst

Wurst

kip

Huhn

gebraad

Braten

vis

Fisch

havermout

Haferflocken

muesli

Müsli

cornflakes

Cornflakes

meel

Mehl

croissant

Croissant

broodjes

Brötchen

brood

Brot

toast

Toast

koekjes

Kekse

boter

Butter

kwark

Quark

taart

Kuchen

ei

Ei

gebakken ei

Spiegelei

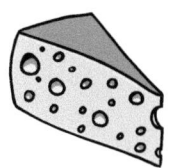

kaas

Käse

ijs

Eiscreme

suiker

Zucker

honing

Honig

jam

Marmelade

chocoladepasta

Nougat-Creme

kerrie

Curry

eten - Essen

boerderij
Bauernhof

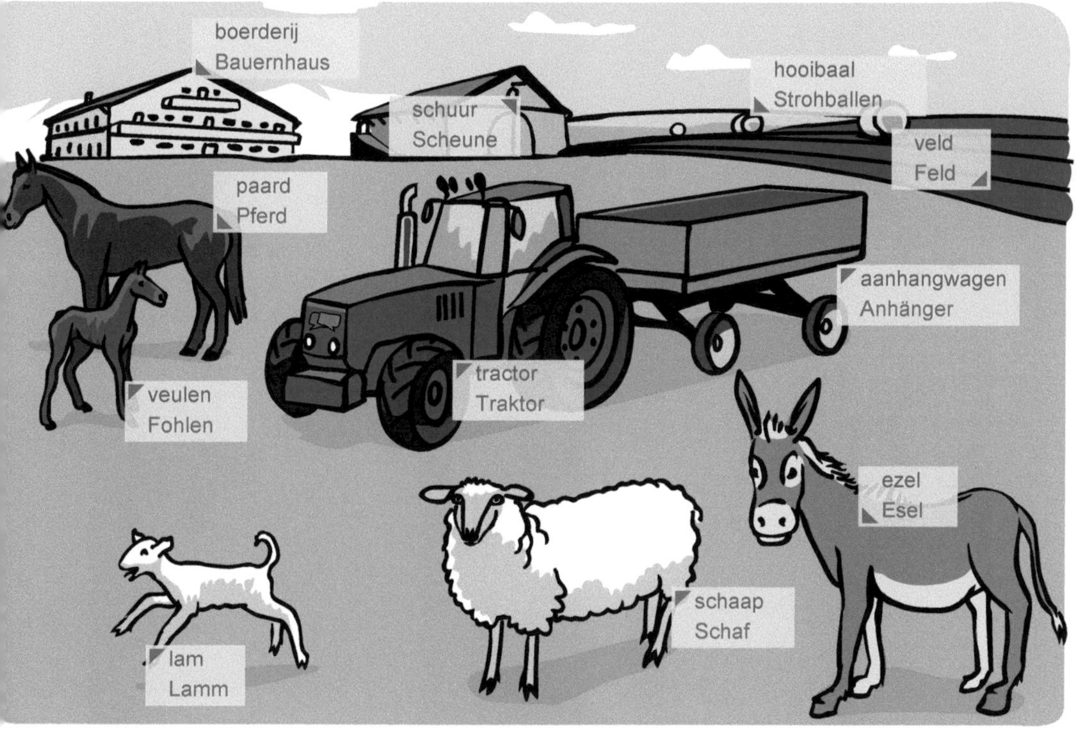
boerderij
Bauernhaus
schuur
Scheune
hooibaal
Strohballen
veld
Feld
paard
Pferd
aanhangwagen
Anhänger
tractor
Traktor
veulen
Fohlen
ezel
Esel
schaap
Schaf
lam
Lamm

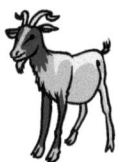

geit

Ziege

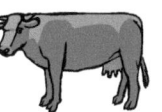

koe

Kuh

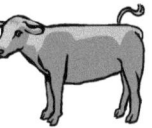

kalf

Kalb

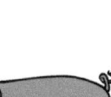

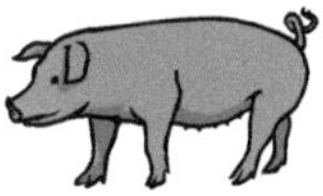

varken

Schwein

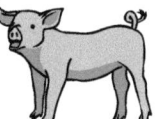

big

Ferkel

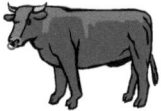

stier

Bulle

gans

Gans

eend

Ente

kuiken

Küken

kip

Huhn

haan

Hahn

rat

Ratte

kat

Katze

muis

Maus

os

Ochse

hond

Hund

hondenhok

Hundehütte

tuinslang

Gartenschlauch

gieter

Gießkanne

zeis

Sense

ploeg

Pflug

sikkel

Sichel

schoffel

Hacke

hooivork

Mistgabel

bijl

Axt

kruiwagen

Schubkarre

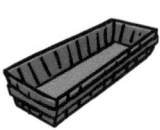

trog

Trog

melkbus

Milchkanne

zak

Sack

hek

Zaun

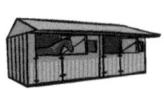

stal

Stall

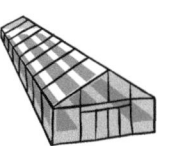

broeikas

Treibhaus

grond

Boden

zaad

Saat

mest

Dünger

maaidorser

Mähdrescher

oogsten

ernten

oogst

Ernte

yam

Yamswurzel

tarwe

Weizen

soja

Soja

aardappel

Kartoffel

maïs

Mais

koolzaad

Raps

fruitboom

Obstbaum

maniok

Maniok

granen

Getreide

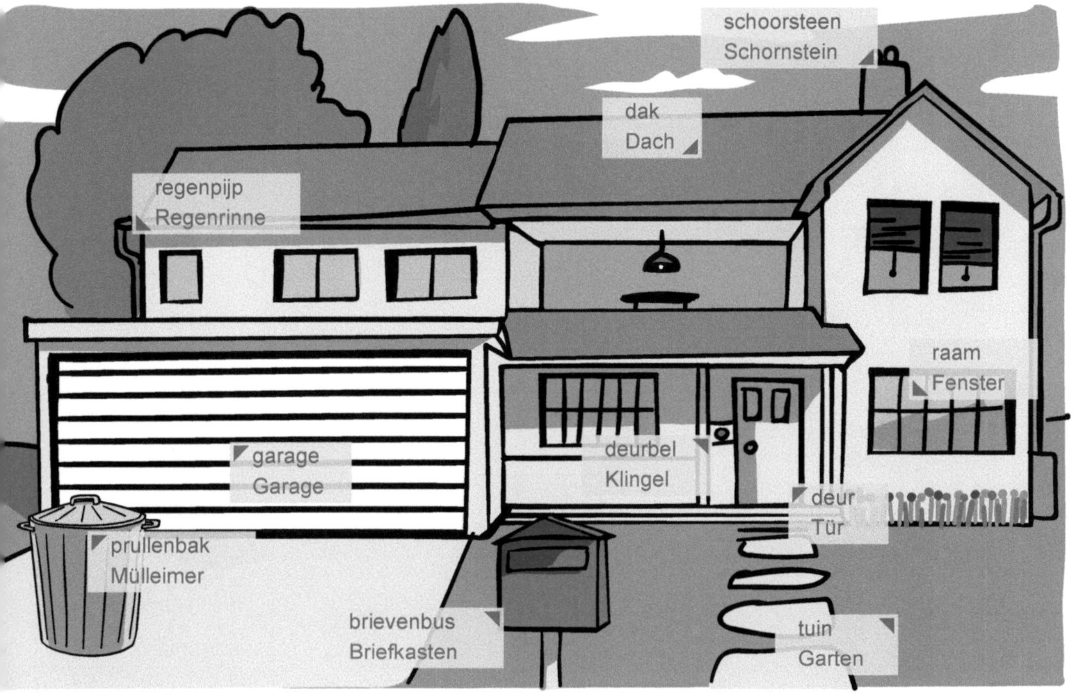

schoorsteen
Schornstein

dak
Dach

regenpijp
Regenrinne

raam
Fenster

garage
Garage

deurbel
Klingel

deur
Tür

prullenbak
Mülleimer

brievenbus
Briefkasten

tuin
Garten

woonkamer

Wohnzimmer

badkamer

Badezimmer

keuken

Küche

slaapkamer

Schlafzimmer

kinderkamer

Kinderzimmer

eetkamer

Esszimmer

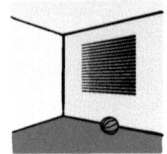

vloer

Boden

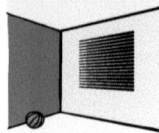

muur

Wand

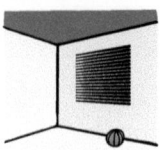

plafond

Decke

kelder

Keller

sauna

Sauna

balkon

Balkon

terras

Terrasse

zwembad

Schwimmbad

grasmaaier

Rasenmäher

laken

Bettbezug

bedsprei

Bettdecke

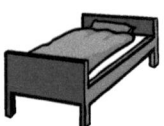

bed

Bett

bezem

Besen

emmer

Eimer

schakelaar

Schalter

woonkamer
Wohnzimmer

behang
Tapete
foto
Bild
lamp
Lampe
plank
Regal
kast
Schrank
televisie
Fernseher
open haard
Kamin
bloem
Blume
kussen
Kissen
bankstel
Sofa
vaas
Vase
afstandsbediening
Fernbedienung

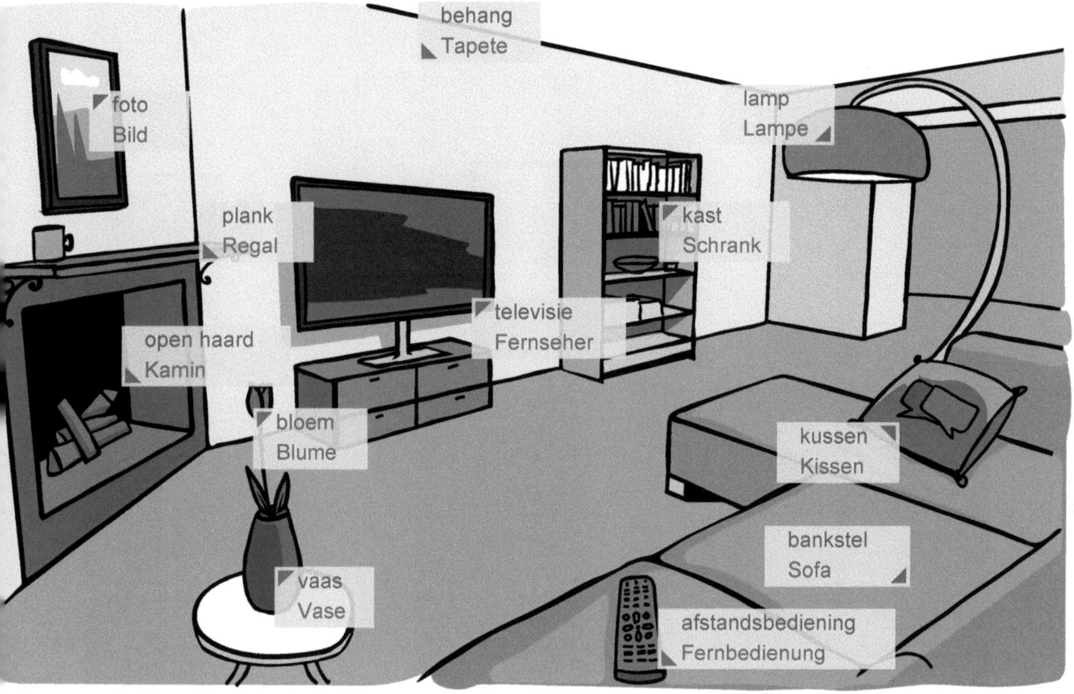

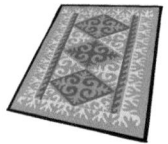

tapijt

Teppich

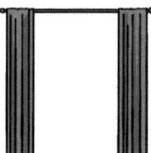

gordijn

Vorhang

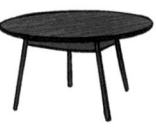

tafel

Tisch

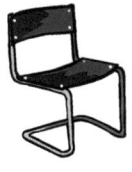

stoel

Stuhl

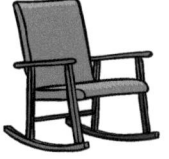

schommelstoel

Schaukelstuhl

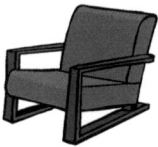

stoel

Sessel

boek

Buch

deken

Decke

decoratie

Dekoration

brandhout

Feuerholz

film

Film

stereo-installatie

Stereoanlage

sleutel

Schlüssel

krant

Zeitung

schilderij

Gemälde

poster

Poster

radio

Radio

kladblok

Notizblock

stofzuiger

Staubsauger

cactus

Kaktus

kaars

Kerze

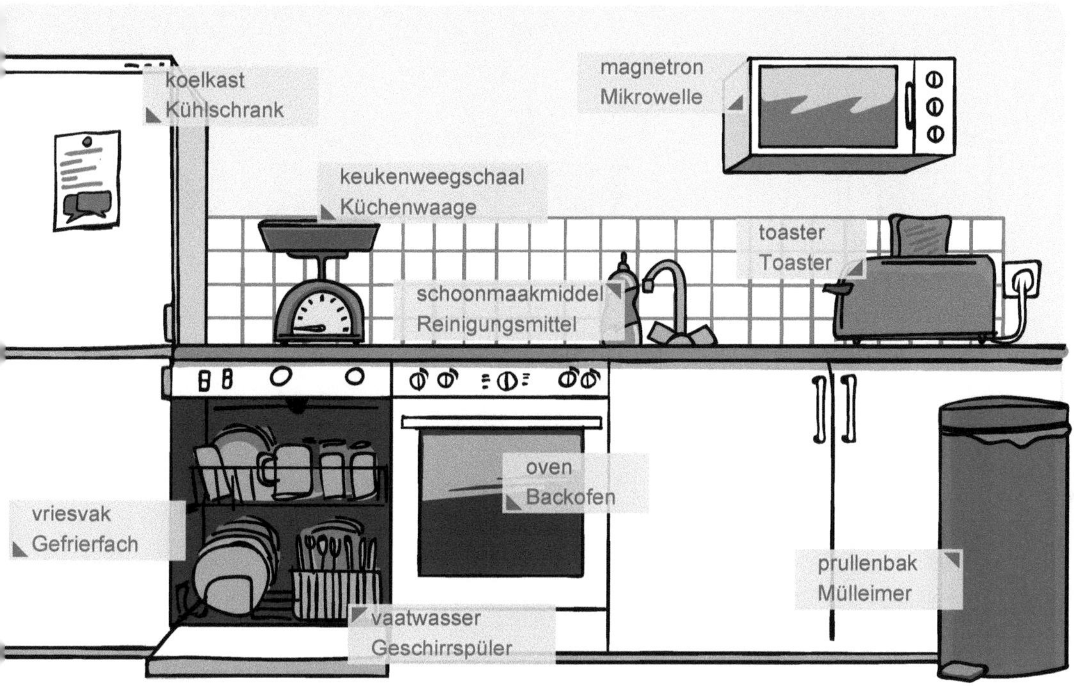

koelkast
Kühlschrank

magnetron
Mikrowelle

keukenweegschaal
Küchenwaage

toaster
Toaster

schoonmaakmiddel
Reinigungsmittel

oven
Backofen

vriesvak
Gefrierfach

prullenbak
Mülleimer

vaatwasser
Geschirrspüler

fornuis
Herd

pan
Topf

gietijzeren pan
Eisentopf

wok / kadai
Wok / Kadai

koekenpan
Pfanne

ketel
Wasserkocher

stoomkoker

Dampfgarer

bakplaat

Backblech

servies

Geschirr

beker

Becher

kom

Schale

eetstokjes

Essstäbchen

soeplepel

Suppenkelle

spatel

Pfannenwender

garde

Schneebesen

vergiet

Kochsieb

zeef

Sieb

rasp

Reibe

vijzel

Mörser

barbecue

Grill

vuurhaard

Feuerstelle

keuken - Küche

snijplank

Schneidebrett

deegroller

Nudelholz

kurkentrekker

Korkenzieher

blik

Dose

blikopener

Dosenöffner

pannenlap

Topflappen

wasbak

Waschbecken

borstel

Bürste

spons

Schwamm

blender

Mixer

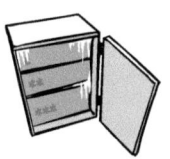

vriezer

Gefriertruhe

babyflesje

Babyflasche

kraan

Wasserhahn

keuken - Küche

badkamer
Badezimmer

douche
Dusche
verwarming
Heizung
handdoek
Handtuch
douchegordijn
Duschvorhang
bubbelbad
Schaumbad
bad
Badewanne
glas
Glas
wasmachine
Waschmaschine
kraan
Wasserhahn
tegels
Fliesen
potje
Töpfchen
wasbak
Waschbecken

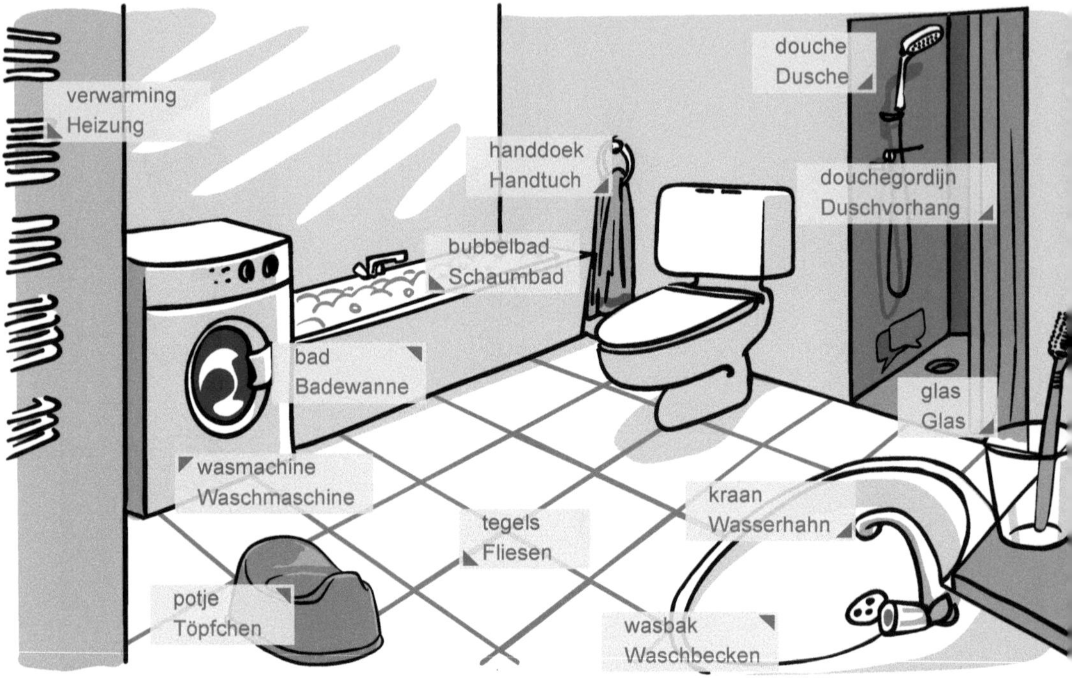

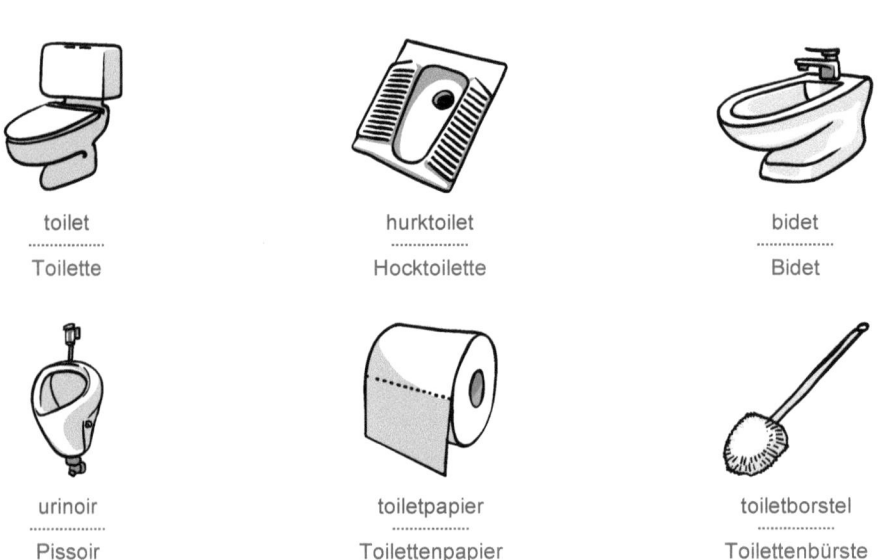

toilet

Toilette

hurktoilet

Hocktoilette

bidet

Bidet

urinoir

Pissoir

toiletpapier

Toilettenpapier

toiletborstel

Toilettenbürste

tandenborstel

Zahnbürste

tandpasta

Zahnpasta

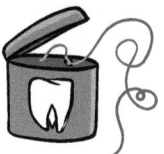

flosdraad

Zahnseide

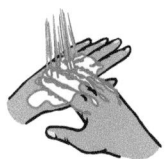

wassen

waschen

handdouche

Handbrause

toiletdouche

Intimdusche

waskom

Waschschüssel

rugborstel

Rückenbürste

zeep

Seife

douchegel

Duschgel

shampoo

Shampoo

washanje

Waschlappen

afvoer

Abfluss

creme

Creme

deodorant

Deodorant

spiegel

Spiegel

make-upspiegel

Kosmetikspiegel

scheermes

Rasierer

scheerschuim

Rasierschaum

aftershave

Rasierwasser

kam

Kamm

borstel

Bürste

haardroger

Föhn

haarspray

Haarspray

make-up

Makeup

lippenstift

Lippenstift

nagellak

Nagellack

watten

Watte

nagelschaartje

Nagelschere

parfum

Parfum

toilettas

Kulturbeutel

kruk

Hocker

weegschaal

Waage

badjas

Bademantel

rubber handschoenen

Gummihandschuhe

tampon

Tampon

maandverband

Damenbinde

chemisch toilet

Chemietoilette

kinderkamer
Kinderzimmer

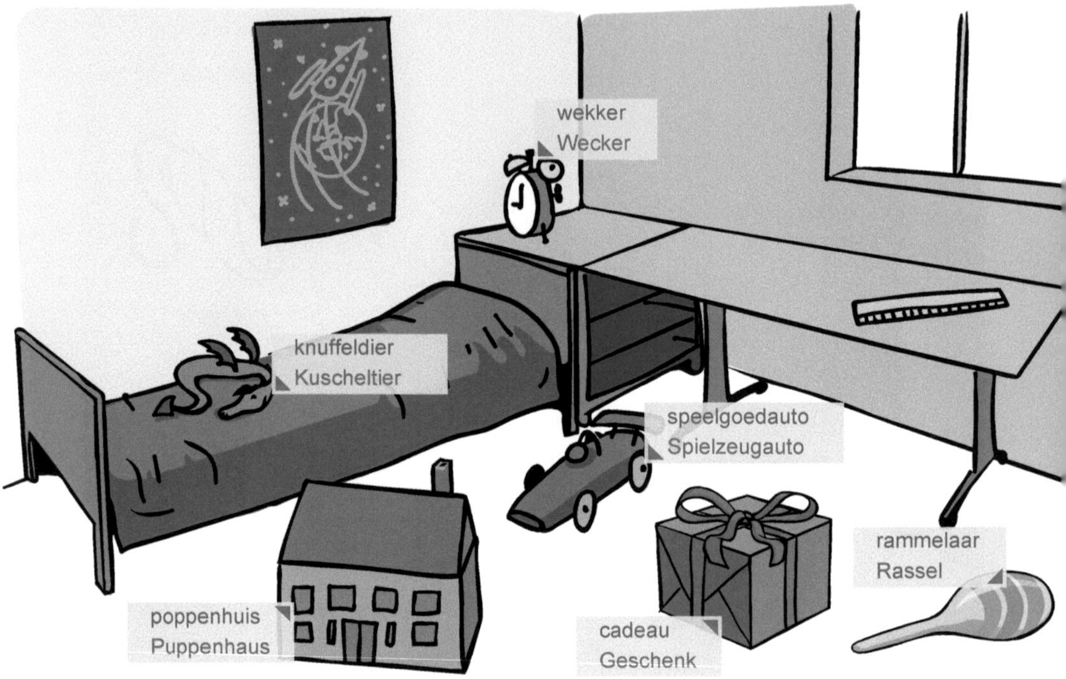

wekker
Wecker
knuffeldier
Kuscheltier
speelgoedauto
Spielzeugauto
rammelaar
Rassel
poppenhuis
Puppenhaus
cadeau
Geschenk

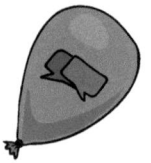

ballon

Ballon

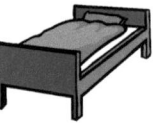

bed

Bett

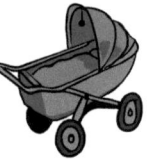

kinderwagen

Kinderwagen

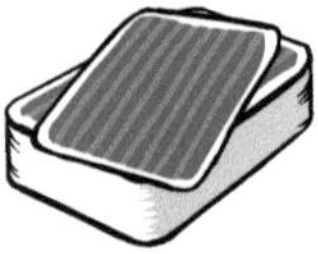

kaartspel

Kartenspiel

puzzel

Puzzle

SUPER
MEGA

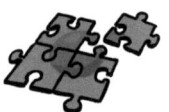

stripverhaal

Comic

legostenen

Legosteine

speelgoedblokken

Bausteine

actiefiguurtje

Action Figur

romper

Strampelanzug

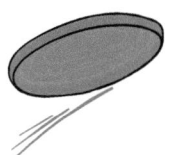

frisbee

Frisbee

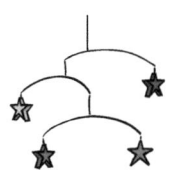

mobile

Mobile

bordspel

Brettspiel

dobbelsteen

Würfel

modeltrein

Modelleisenbahn

speen

Schnuller

feestje

Party

prentenboek

Bilderbuch

bal

Ball

pop

Puppe

spelen

spielen

zandbak

Sandkasten

schommel

Schaukel

speelgoed

Spielzeug

spelcomputer

Spielkonsole

driewieler

Dreirad

teddybeer

Teddy

kleerkast

Kleiderschrank

kleding

Kleidung

sokken

Socken

kousen

Strümpfe

panty

Strumpfhose

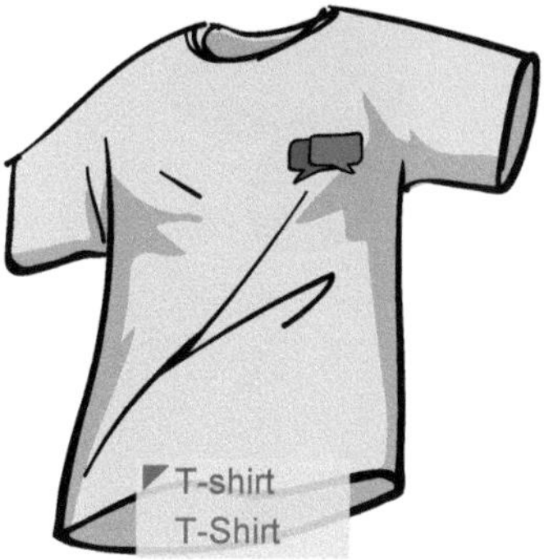

sjaal
Schal

riem
Gürtel

paraplu
Regenschirm

T-shirt
T-Shirt

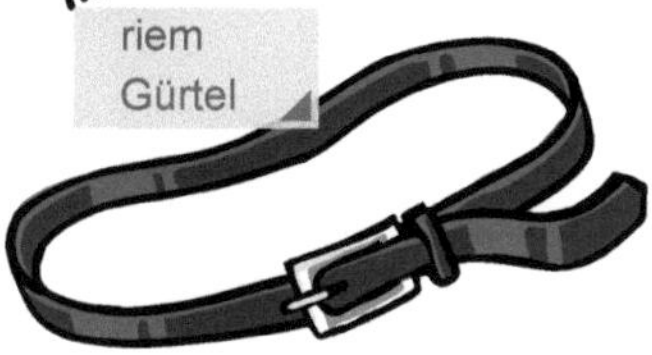

sportschoenen
Turnschuhe

laarzen
Stiefel

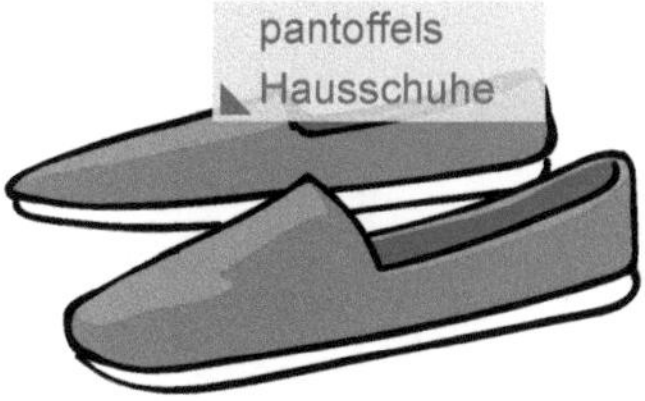

pantoffels
Hausschuhe

sandalen
....
Sandalen

schoenen
....
Schuhe

rubberlaarzen
....
Gummistiefel

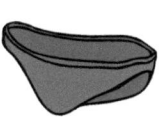

onderbroek
....
Unterhose

beha
....
Büstenhalter

onderhemd
....
Unterhemd

kleding - Kleidung

body

Body

broek

Hose

spijkerbroek

Jeans

rok

Rock

blouse

Bluse

overhemd

Hemd

trui

Pullover

hoody

Kapuzenpullover

blazer

Blazer

jas

Jacke

mantel

Mantel

regenjas

Regenmantel

kostuum

Kostüm

jurk

Kleid

trouwjurk

Hochzeitskleid

pak

Anzug

nachthemd

Nachthemd

pyjama

Schlafanzug

sari

Sari

hoofddoek

Kopftuch

tulband

Turban

boerka

Burka

kaftan

Kaftan

abaja

Abaya

zwempak

Badeanzug

zwembroek

Badehose

korte broek

Kurze Hose

trainingspak

Trainingsanzug

schort

Schürze

handschoenen

Handschuhe

knoop
Knopf

bril
Brille

armband
Armband

ketting
Halskette

ring
Ring

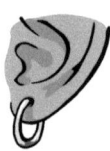

oorbel
Ohrring

pet
Mütze

kledinghanger
Kleiderbügel

hoed
Hut

stropdas
Krawatte

rits
Reißverschluss

helm
Helm

bretels
Hosenträger

schooluniform
Schuluniform

uniform
Uniform

slabbetje

Lätzchen

speen

Schnuller

luier

Windel

kantoor
Büro

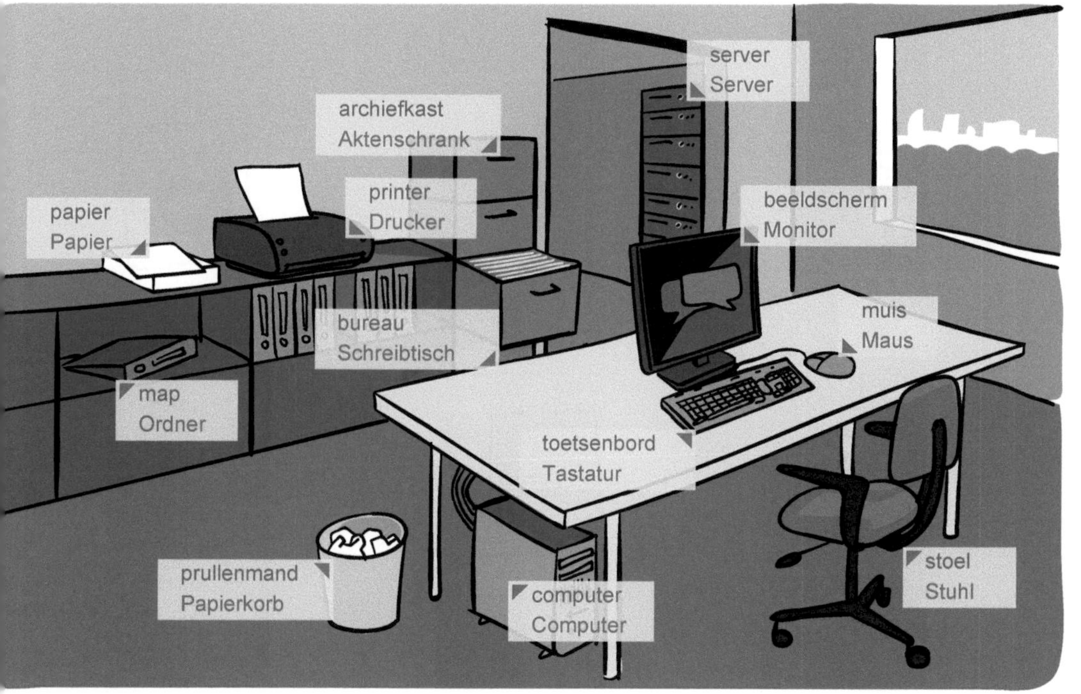

server
Server

archiefkast
Aktenschrank

printer
Drucker

beeldscherm
Monitor

papier
Papier

muis
Maus

bureau
Schreibtisch

map
Ordner

toetsenbord
Tastatur

stoel
Stuhl

prullenmand
Papierkorb

computer
Computer

koffiemok

Kaffeebecher

rekenmachine

Taschenrechner

internet

Internet

laptop

Laptop

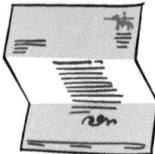

brief

Brief

bericht

Nachricht

mobiele telefoon

Handy

netwerk

Netzwerk

kopieermachine

Kopierer

software

Software

telefoon

Telefon

stopcontact

Steckdose

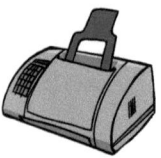

fax

Fax

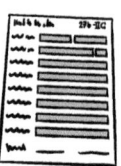

formulier

Formular

document

Dokument

kopen

kaufen

betalen

bezahlen

handel drijven

handeln

geld

Geld

dollar

Dollar

euro

Euro

yen

Yen

roebel

Rubel

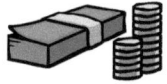

Zwitserse frank

Franken

renminbi yuan

Renminbi Yuan

roepie

Rupie

geldautomaat

Geldautomat

wisselkantoor

Wechselstube

goud

Gold

zilver

Silber

olie

Öl

energie

Energie

prijs

Preis

contract

Vertrag

belasting

Steuer

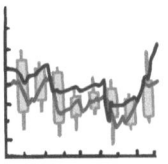

aandeel

Aktie

werken

arbeiten

werknemer

Angestellter

werkgever

Arbeitgeber

fabriek

Fabrik

winkel

Geschäft

beroepen
Berufe

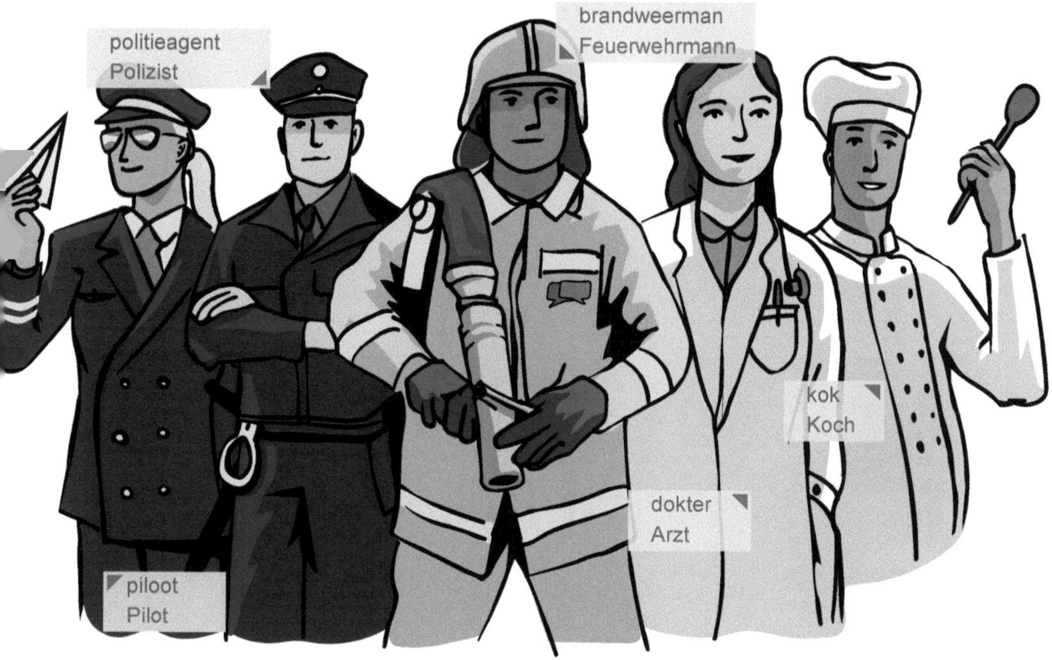
politieagent
Polizist
brandweerman
Feuerwehrmann
kok
Koch
dokter
Arzt
piloot
Pilot

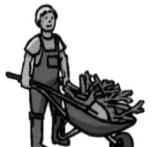

tuinman
Gärtner

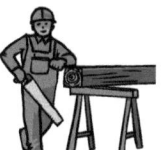

timmerman
Tischler

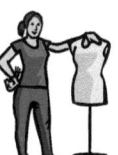

naaister
Näherin

rechter
Richter

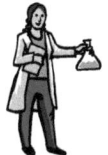

scheikundige
Chemiker

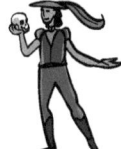

toneelspeler
Schauspieler

buschauffeur

Busfahrer

taxichauffeur

Taxifahrer

visser

Fischer

schoonmaakster

Putzfrau

dakdekker

Dachdecker

ober

Kellner

jager

Jäger

schilder

Maler

bakker

Bäcker

elektricien

Elektriker

bouwvakker

Bauarbeiter

ingenieur

Ingenieur

slager

Schlachter

loodgieter

Klempner

postbode

Postbote

soldaat

Soldat

architect

Architekt

kassier

Kassierer

bloemist

Florist

kapper

Friseur

conducteur

Schaffner

monteur

Mechaniker

kapitein

Kapitän

tandarts

Zahnarzt

wetenschapper

Wissenschaftler

rabbi

Rabbi

imam

Imam

monnik

Mönch

pastoor

Geistlicher

gereedschap
Werkzeuge

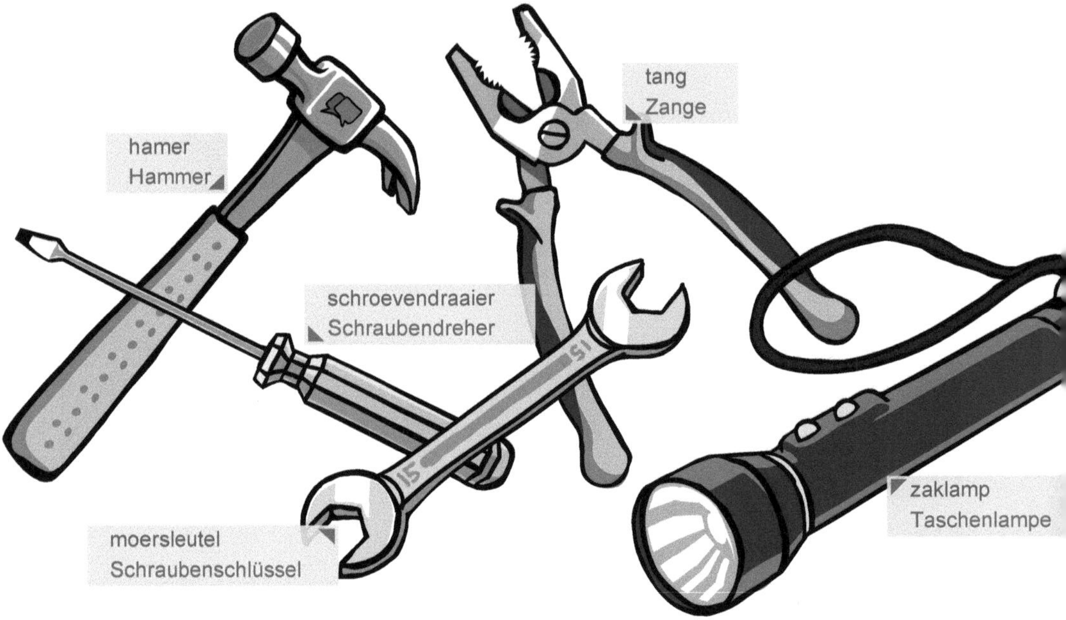
hamer
Hammer
tang
Zange
schroevendraaier
Schraubendreher
zaklamp
Taschenlampe
moersleutel
Schraubenschlüssel

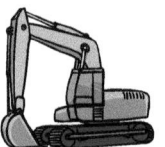

graafmachine

Bagger

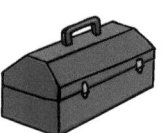

gereedschapskist

Werkzeugkasten

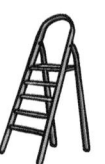

ladder

Leiter

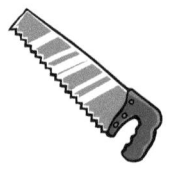

zaag

Säge

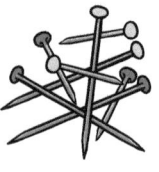

spijkers

Nägel

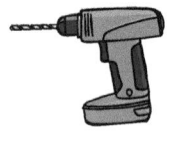

boor

Bohrer

repareren

reparieren

schep

Schaufel

Verdorie!

Mist!

stofblik

Kehrblech

verfpot

Farbtopf

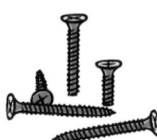

schroeven

Schrauben

muziekinstrumenten
Musikinstrumente

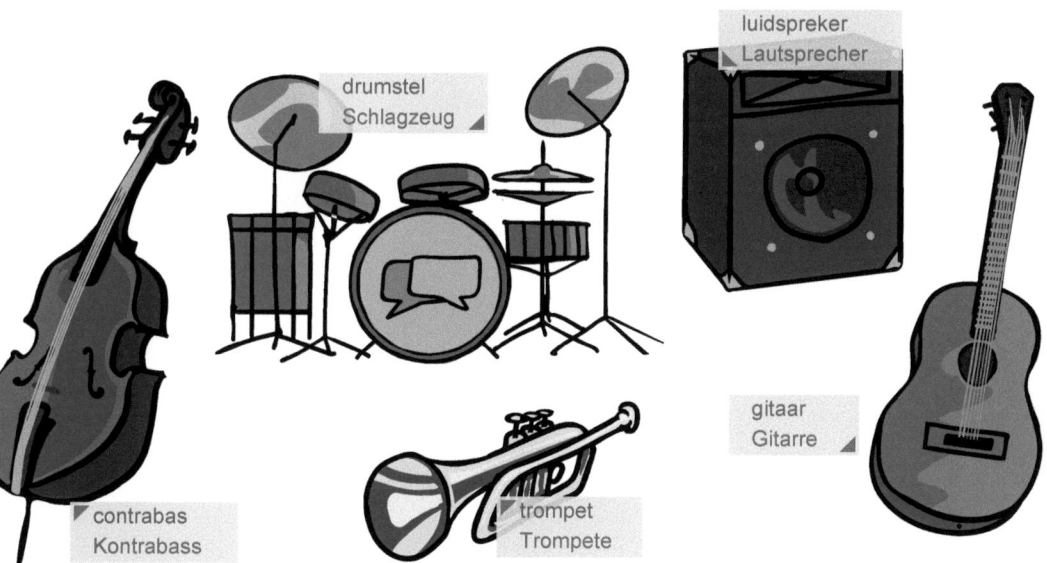

luidspreker
Lautsprecher

drumstel
Schlagzeug

gitaar
Gitarre

contrabas
Kontrabass

trompet
Trompete

piano

Klavier

viool

Violine

bas

Bass

pauk

Pauke

trommel

Trommeln

keyboard

Keyboard

saxofoon

Saxophon

fluit

Flöte

microfoon

Mikrofon

ingang
Eingang

tijger
Tiger

kooi
Käfig

zebra
Zebra

dierenvoer
Tierfutter

panda
Panda

dieren
Tiere

olifant
Elefant

kangoeroe
Känguru

neushoorn
Nashorn

gorilla
Gorilla

beer
Bär

kameel

Kamel

struisvogel

Strauß

leeuw

Löwe

aap

Affe

flamingo

Flamingo

papegaai

Papagei

ijsbeer

Eisbär

pinguïn

Pinguin

haai

Hai

pauw

Pfau

slang

Schlange

krokodil

Krokodil

dierenverzorger

Zoowärter

zeehond

Robbe

jaguar

Jaguar

dierentuin - Zoo

pony

Pony

luipaard

Leopard

nijlpaard

Nilpferd

giraffe

Giraffe

adelaar

Adler

wild zwijn

Wildschwein

vis

Fisch

schildpad

Schildkröte

walrus

Walross

vos

Fuchs

gazelle

Gazelle

Sport

American football
American Football

wielrennen
Radfahren

tennis
Tennis

basketbal
Basketball

zwemmen
Schwimmen

boksen
Boxen

ijshockey
Eishockey

voetbal
Fußball

badminton
Badminton

atletiek
Leichtathletik

handbal
Handball

skiën
Skilaufen

polo
Polo

springen
springen

lachen
lachen

knuffelen
umarmen

lopen
gehen

zingen
singen

dromen
träumen

bidden
beten

kussen
küssen

schrijven
schreiben

tekenen
zeichnen

tonen
zeigen

duwen
drücken

geven
geben

oppakken
nehmen

hebben

haben

doen

tun

zijn

sein

staan

stehen

rennen

laufen

trekken

ziehen

gooien

werfen

vallen

fallen

liggen

liegen

wachten

warten

dragen

tragen

zitten

sitzen

aankleden

anziehen

slapen

schlafen

wakker worden

aufwachen

bekijken
ansehen

huilen
weinen

strelen
streicheln

kammen
kämmen

praten
reden

begrijpen
verstehen

vragen
fragen

horen
hören

drinken
trinken

eten
essen

opruimen
aufräumen

houden van
lieben

koken
kochen

rijden
fahren

vliegen
fliegen

zeilen

segeln

rekenen

rechnen

lezen

lesen

leren

lernen

werken

arbeiten

trouwen

heiraten

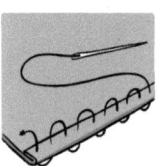

naaien

nähen

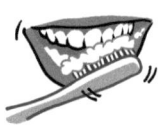

tandenpoetsen

Zähne putzen

doden

töten

roken

rauchen

verzenden

senden

grootmoeder
Großmutter

grootvader
Großvater

vader
Vater

moeder
Mutter

baby
Baby

dochter
Tochter

zoon
Sohn

gast

Gast

tante

Tante

oom

Onkel

broer

Bruder

zus

Schwester

familie - Familie

lichaam
Körper

voorhoofd
Stirn
oog
Auge
schouder
Schulter
vinger
Finger
gezicht
Gesicht
kin
Kinn
hand
Hand
been
Bein
borst
Brust
arm
Arm

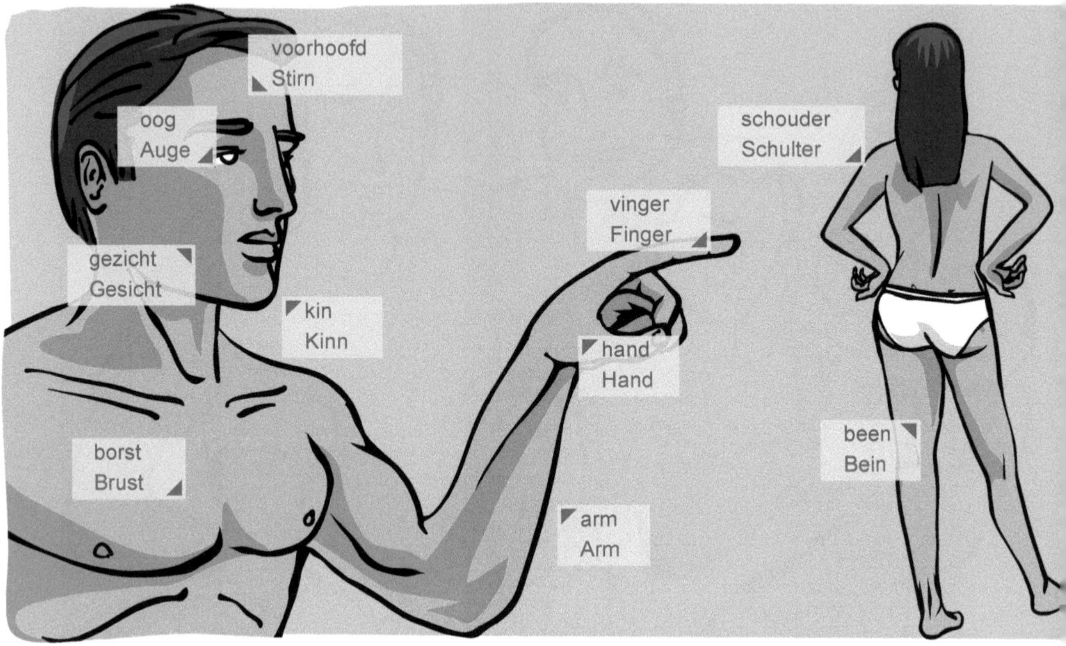

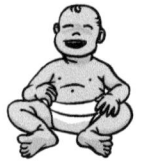

baby
Baby

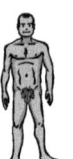

man
Mann

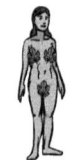

vrouw
Frau

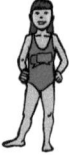

meisje
Mädchen

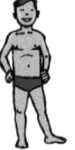

jongen
Junge

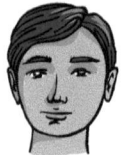

hoofd
Kopf

rug

Rücken

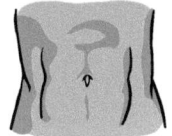

buik

Bauch

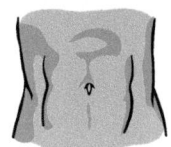

navel

Nabel

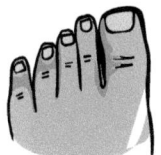

teen

Zeh

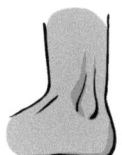

hiel

Ferse

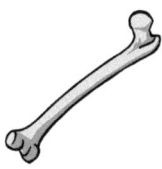

bot

Knochen

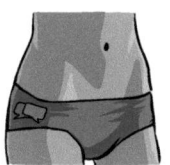

heup

Hüfte

knie

Knie

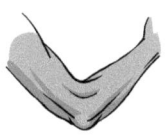

elleboog

Ellenbogen

neus

Nase

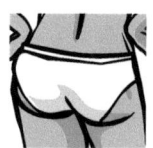

achterwerk

Gesäß

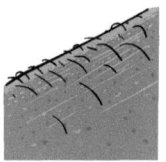

huid

Haut

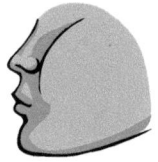

wang

Wange

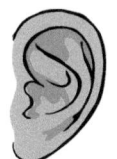

oor

Ohr

lippen

Lippe

mond

Mund

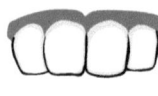

tand

Zahn

tong

Zunge

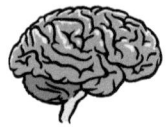

hersenen

Gehirn

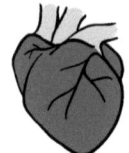

hart

Herz

spier

Muskel

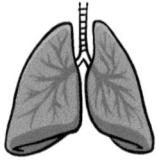

long

Lunge

lever

Leber

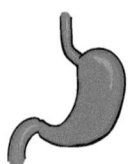

maag

Magen

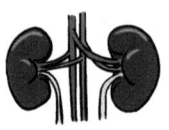

nieren

Nieren

geslachtsgemeenschap

Geschlechtsverkehr

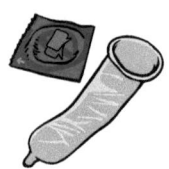

condoom

Kondom

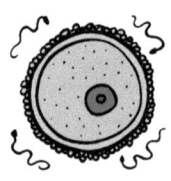

eicel

Eizelle

sperma

Sperma

zwangerschap

Schwangerschaft

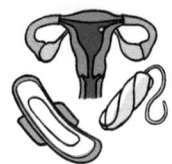

menstruatie

Menstruation

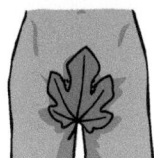

vagina

Vagina

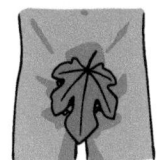

penis

Penis

wenkbrauw

Augenbraue

haar

Haar

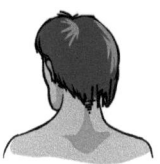

hals

Hals

ziekenhuis
Krankenhaus

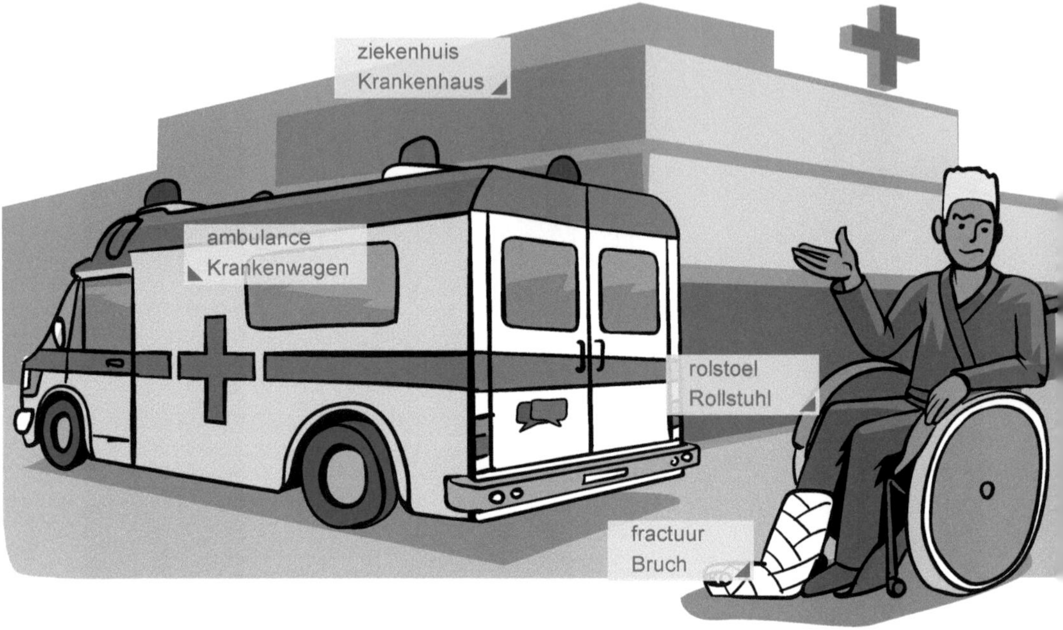

ziekenhuis
Krankenhaus
ambulance
Krankenwagen
rolstoel
Rollstuhl
fractuur
Bruch

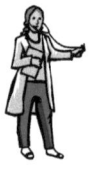

dokter

Arzt

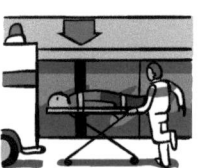

EHBO

Notaufnahme

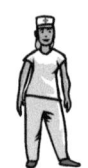

verpleegster

Krankenschwester

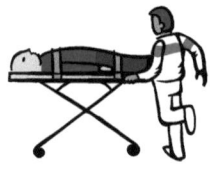

noodgeval

Notfall

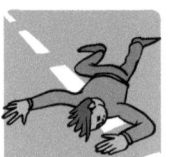

bewusteloos

ohnmächtig

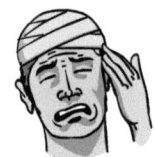

pijn

Schmerz

verwonding

Verletzung

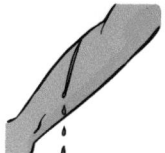

bloeding

Blutung

hartaanval

Herzinfarkt

beroerte

Schlaganfall

allergie

Allergie

hoest

Husten

koorts

Fieber

griep

Grippe

diarree

Durchfall

hoofdpijn

Kopfschmerzen

kanker

Krebs

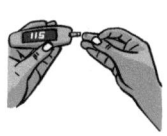

diabetes

Diabetis

chirurg

Chirurg

scalpel

Skalpell

operatie

Operation

CT
CT

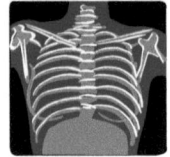

röntgen
Röntgen

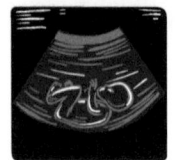

echografie
Ultraschall

gezichtsmasker
Maske

ziekte
Krankheit

wachtkamer
Wartezimmer

kruk
Krücke

pleister
Pflaster

verband
Verband

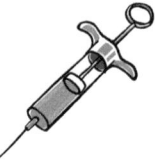

injectie
Injektion

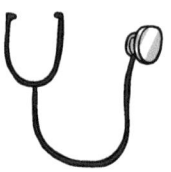

stethoscoop
Stethoskop

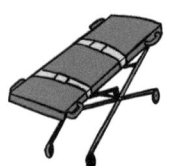

brancard
Trage

thermometer
Thermometer

geboorte
Geburt

overgewicht
Übergewicht

gehoorapparaat

Hörgerät

ontsmettingsmiddel

Desinfektionsmittel

infectie

Infektion

virus

Virus

HIV / AIDS

HIV / AIDS

medicijn

Medizin

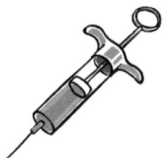

inenting

Impfung

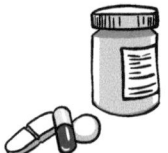

tabletten

Tabletten

pil

Pille

alarmnummer

Notruf

bloeddrukmeter

Blutdruck-Messgerät

ziek / gezond

krank / gesund

Help!

Hilfe!

alarm

Alarm

overval

Überfall

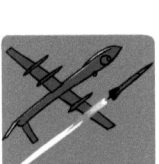

aanval

Angriff

gevaar

Gefahr

nooduitgang

Notausgang

Brand!

Feuer!

brandblusser

Feuerlöscher

ongeluk

Unfall

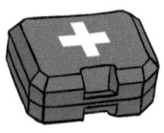

EHBO-koffer

Erste-Hilfe-Koffer

SOS

SOS

politie

Polizei

Europa

Europa

Noord-Amerika

Nordamerika

Zuid-Amerika

Südamerika

Afrika

Afrika

Azië

Asien

Australië

Australien

Atlantische Oceaan

Atlantik

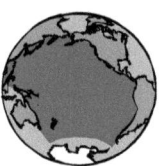

Stille Oceaan

Pazifik

Indische Oceaan

Indischer Ozean

Zuidelijke Oceaan

Antarktischer Ozean

Noordelijke IJszee

Arktischer Ozean

Noordpool

Nordpol

Zuidpool

Südpol

Antarctica

Antarktis

aarde

Erde

land

Land

zee

Meer

eiland

Insel

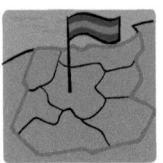

natie

Nation

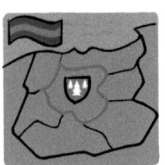

staat

Staat

wijzerplaat

Zifferblatt

uurwijzer

Stundenzeiger

minutenwijzer

Minutenzeiger

secondewijzer

Sekundenzeiger

Hoe laat is het?

Wie spät ist es?

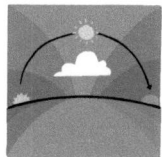

dag

Tag

tijd

Zeit

nu

jetzt

digitaal horloge

Digitaluhr

minuut

Minute

uur

Stunde

week

Woche

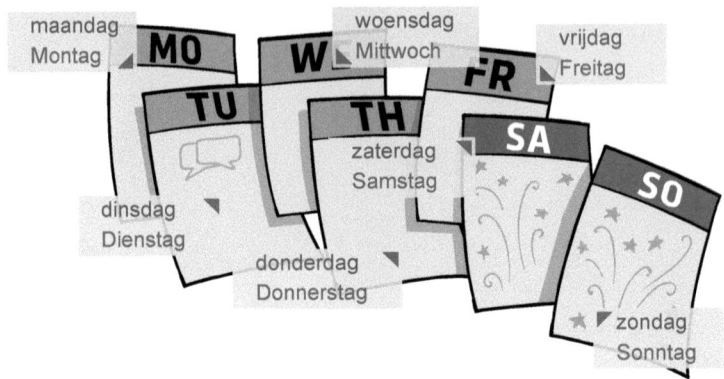

maandag / Montag
woensdag / Mittwoch
vrijdag / Freitag
dinsdag / Dienstag
zaterdag / Samstag
donderdag / Donnerstag
zondag / Sonntag

gisteren
gestern

vandaag
heute

morgen
morgen

ochtend
Morgen

middag
Mittag

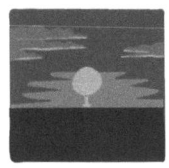

avond
Abend

MO	TU	WE	TH	FR	SA	SU
1	2	3	4	5	6	7
8	9	10	11	12	13	14
15	16	17	18	19	20	21
22	23	24	25	26	27	28
29	30	31	1	2	3	4

werkdagen
Arbeitstage

MO	TU	WE	TH	FR	SA	SU
1	2	3	4	5	6	7
8	9	10	11	12	13	14
15	16	17	18	19	20	21
22	23	24	25	26	27	28
29	30	31	1	2	3	4

weekend
Wochenende

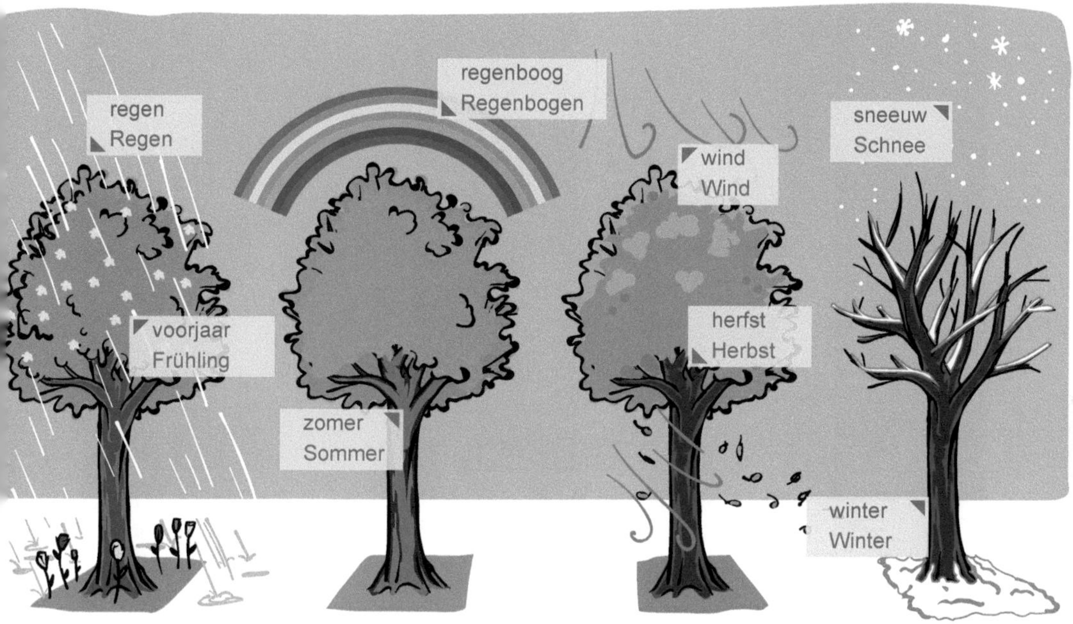

regen
Regen

regenboog
Regenbogen

wind
Wind

sneeuw
Schnee

voorjaar
Frühling

herfst
Herbst

zomer
Sommer

winter
Winter

4.APRIL	11°	☀
5.APRIL	4°	☁
6.APRIL	13°	☁
7.APRIL	8°	☀
8.APRIL	10°	☀

weerbericht

Wettervorhersage

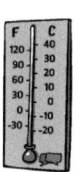

thermometer

Thermometer

zonneschijn

Sonnenschein

wolk

Wolke

mist

Nebel

luchtvochtigheid

Luftfeuchtigkeit

bliksem

Blitz

donder

Donner

storm

Sturm

hagel

Hagel

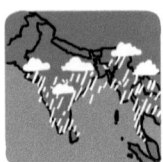

moesson

Monsun

overstroming

Flut

ijs

Eis

januari

Januar

februari

Februar

maart

März

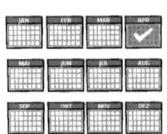

april

April

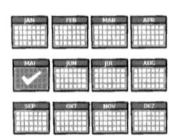

mei

Mai

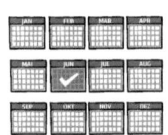

juni

Juni

juli

Juli

augustus

August

82

jaar - Jahr

september
September

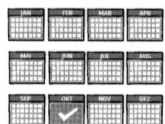

oktober
Oktober

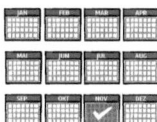

november
November

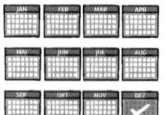

december
Dezember

vormen
Formen

cirkel
Kreis

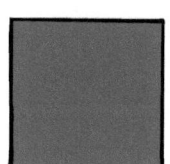

vierkant
Quadrat

rechthoek
Rechteck

driehoek
Dreieck

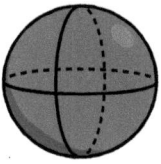

bol
Kugel

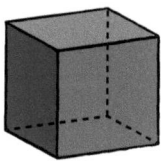

kubus
Würfel

wit
....
weiß

geel
....
gelb

oranje
....
orange

roze
....
pink

rood
....
rot

paars
....
lila

blauw
....
blau

groen
....
grün

bruin
....
braun

grijs
....
grau

zwart
....
schwarz

veel / weinig

viel / wenig

boos / rustig

wütend / friedlich

mooi / lelijk

hübsch / hässlich

begin / einde

Anfang / Ende

groot / klein

groß / klein

licht / donker

hell / dunkel

broer / zus

Bruder / Schwester

schoon / vies

sauber / schmutzig

volledig / onvolledig

vollständig / unvollständig

dag/ nacht

Tag / Nacht

dood / levend

tot / lebendig

breed / smal

breit / schmal

eetbaar / oneetbaar

genießbar / ungenießbar

gemeen / aardig

böse / freundlich

opgewonden / verveeld

aufgeregt / gelangweilt

dik / dun

dick / dünn

eerste / laatste

zuerst / zuletzt

vriend / vijand

Freund / Feind

vol / leeg

voll / leer

hard / zacht

hart / weich

zwaar / licht

schwer / leicht

honger / dorst

Hunger / Durst

ziek / gezond

krank / gesund

illegaal / legaal

illegal / legal

intelligent / dom

intelligent / dumm

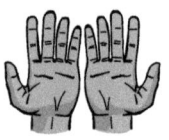

links / rechts

links / rechts

dichtbij / ver

nah / fern

tegenstellingen - Gegenteile

nieuw / gebruikt

neu / gebraucht

niets / iets

nichts / etwas

oud / jong

alt / jung

aan / uit

an / aus

open / gesloten

offen / geschlossen

zacht / luid

leise / laut

rijk / arm

reich / arm

goed / fout

richtig / falsch

ruw / glad

rau / glatt

verdrietig / gelukkig

traurig / glücklich

kort / lang

kurz / lang

langzaam / snel

langsam / schnell

nat / droog

nass / trocken

warm / koel

warm / kühl

oorlog / vrede

Krieg / Frieden

0	**1**	**2**
nul	één	twee
null	eins	zwei

3	**4**	**5**
drie	vier	vijf
drei	vier	fünf

6	**7**	**8**
zes	zeven	acht
sechs	sieben	acht

9	**10**	**11**
negen	tien	elf
neun	zehn	elf

12

twaalf
zwölf

13

dertien
dreizehn

14

veertien
vierzehn

15

vijftien
fünfzehn

16

zestien
sechzehn

17

zeventien
siebzehn

18

achttien
achtzehn

19

negentien
neunzehn

20

twintig
zwanzig

100

honderd
hundert

1.000

duizend
tausend

1.000.000

miljoen
million

Engels
Englisch

Amerikaans Engels
Amerikanisches Englisch

Chinees Mandarijn
Chinesisch Mandarin

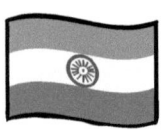

Hindi
Hindi

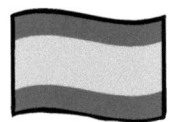

Spaans
Spanisch

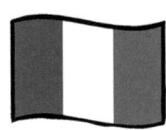

Frans
Französisch

Arabisch
Arabisch

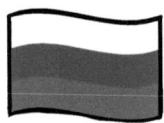

Russisch
Russisch

Portugees
Portugiesisch

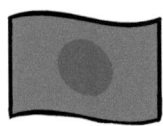

Bengalees
Bengalisch

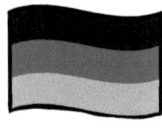

Duits
Deutsch

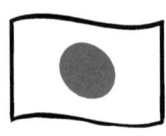

Japans
Japanisch

ik
....
ich

jij
....
du

hij / zij / het
....
er / sie / es

wij
....
wir

jullie
....
ihr

zij
....
sie

wie?
....
wer?

wat?
....
was?

hoe?
....
wie?

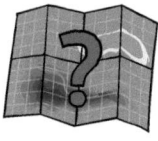

waar?
....
wo?

wanneer?
....
wann?

naam
....
Name

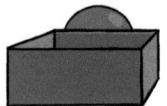

achter
....
hinter

in
....
in

voor
....
vor

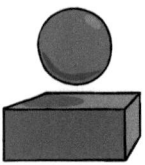

boven
....
über

op
....
auf

onder
....
unter

naast
....
neben

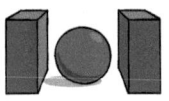

tussen
....
zwischen

plaats
....
Ort